Marc Steiner

W0373434

PFUSCH AM BAU

Das kannste schon so machen, aber dann isses halt kacke

Bibliografische Information der Deutschen Nationalbibliothek:
Die Deutsche Nationalbibliothek verzeichnet diese Publikation in der Deutschen Nationalbibliografie; detaillierte bibliografische Daten sind im Internet über http://d-nb.de abrufbar.

Pfusch am Bau im Netz
www.pfuschambau.net
www.fb.com/PfuschAmBauGmBh

Zum Einsenden von Pfusch-Bildern
bild@pfuschambau.net

Für Fragen und Anregungen zum Buch
info@rivaverlag.de

Wichtiger Hinweis
Ausschließlich zum Zweck der besseren Lesbarkeit wurde auf eine genderspezifische Schreibweise sowie eine Mehrfachbezeichnung verzichtet. Alle personenbezogenen Bezeichnungen sind somit geschlechtsneutral zu verstehen.

Originalausgabe
10. Auflage 2021

© 2014 by riva Verlag, ein Imprint der Münchner Verlagsgruppe GmbH
Türkenstraße 89
80799 München
Tel.: 089 651285-0
Fax: 089 652096

Alle Rechte, insbesondere das Recht der Vervielfältigung und Verbreitung sowie der Übersetzung, vorbehalten. Kein Teil des Werkes darf in irgendeiner Form (durch Fotokopie, Mikrofilm oder ein anderes Verfahren) ohne schriftliche Genehmigung des Verlages reproduziert oder unter Verwendung elektronischer Systeme gespeichert, verarbeitet, vervielfältigt oder verbreitet werden.

Umschlaggestaltung: Kristin Hoffmann
Umschlagabbildungen: 2. Reihe, 1. v. links (Mauer): David Hackl, 2. Reihe, 2. v. links (Blase): Patrick Pontasch; Rückseite: 1.v. links (Laster): Christian Lobmeier
Layout und Satz: Laura Osswald
Druck: Firmengruppe APPL, aprinta Druck, Wemding
Printed in Germany

Wir produzieren nachhaltig
www.m-vg.de

ISBN Print 978-3-86883-467-3
ISBN E-Book (PDF) 978-3-86413-619-1
ISBN E-Book (EPUB, Mobi) 978-3-86413-620-7

Weitere Informationen zum Verlag finden Sie unter
www.rivaverlag.de
Beachten Sie auch unsere weiteren Verlage unter www.m-vg.de.

Marc Steiner

PFUSCH AM BAU

Das kannste schon so machen, aber dann isses halt kacke

Bekannt von Facebook

riva

DER LICHTSCHALTER WIRD MIT SILIKON FIXIERT, das Mauerwerk gleicht einem Schlachtfeld, die Heizungsrohre sind mit Handtüchern isoliert und Arbeitsschutz ist oft ein Fremdwort! Am Bau gibt es nichts, was es nicht gibt. Egal ob Großbaustelle oder Privataufträge, in über 20 Jahren Bauerfahrung als Dachdecker habe ich schon einiges gesehen und erlebt. Im September 2012, bei einem Einsatz auf einer Großbaustelle in der Dortmunder Innenstadt, gab es mal wieder einen Streit zwischen Architekt und Facharbeiter. Wie so oft gingen die Meinungen über die »fachgerechte« Ausführung eines Auftrages auseinander. Dabei entstand die Idee zu »Pfusch am Bau«! Wieso nicht die Schandtaten der Handwerker auf Facebook veröffentlichen und zur Diskussion stellen?

Gesagt, getan! **www.fb.com/PfuschAmBauGmBh** war geboren. Was dann passierte, war einfach unglaublich. So vielen Kollegen aus allen erdenklichen Gewerken ging es anscheinend genauso wie mir, denn in den folgenden Wochen erreichten mich unzählige Bilder, von denen manche Kopfschütteln oder Staunen hervorriefen, andere einen hemmungslosen Lachanfall.

Da die Facebook-Seite für mich ein Hobby geblieben ist und ich neben Job und Familie einfach nicht mehr hinterherkam, suchte ich Verstärkung. So kam Ende 2013 Andy hinzu, der das Projekt vor allem technisch weiter vorantreibt.

Die Seite wächst rasant – mittlerweile haben wir über 230 000 Fans auf Facebook, und es werden immer mehr. Auch auf unserer eigenen Webseite **www.pfuschambau.net,** auf der jeder Bilder hochladen, bewerten und diskutieren kann, sind nach wenigen Monaten über 600 Fotos zusammengekommen und täglich besuchen uns mehrere Tausend Fans.

Mittlerweile ist »Pfusch am Bau« eine richtige Unterhaltungsplattform geworden: Neben Pfusch- und Spaß-Bildern sind nun auch Handwerkersprüche, lustige Videos und witzige Grafiken auf unserer Seite zu finden! Das Beste davon haben wir in diesem Buch zusammengetragen. Viele Monate Arbeit und lange Nächte liegen hinter uns und wir sind ein klein wenig Stolz auf unser »Baby«.

An dieser Stelle möchten wir uns ganz herzlich bei unseren Kollegen (und wir meinen euch alle!) und Fans bedanken. Ihr schickt uns täglich so viele Bilder und ohne euch würde es die Seite und dieses Buch nicht geben. Besonderer Dank geht an die Fotografen, die uns die Bilder für das Buch zur Verfügung gestellt haben. Und zuletzt möchten wir uns noch bei unseren Familien bedanken, die immer zu uns stehen und geduldig akzeptieren, dass wir so viel Zeit für »Pfusch am Bau« investieren.

Herzlichst
Marc und Andy

Endlich winddicht!

Mit PU-Schaum kann man jetzt auch mauern.

Wie machen die das im Winter??

Jalousie kann man nur raufmachen, nicht runter.

Was haben Ärzte und Tiefbauer gemeinsam? Wenn sie pfuschen, schmeißen sie zwei Meter Erde darüber!
HANDWERKER-SPRÜCHE

Kuschel-WC

Dem Wasser ist es egal, wie es fließen muss ...

Praktisch! Beim Baden Zähne putzen

Baustellenregel Nr. 1:

Und sollt' es dir den Darm zerreißen, geh niemals in den Pausen scheißen.

PaB
Wir arbeiten Hand in Hand.
Was die eine nicht schafft,
lässt die andere liegen.
HANDWERKER-
SPRÜCHE

Pissoir Marke Eigenbau

Mann muss sich nur zu helfen wissen.

Heizkörperunterbau

Intelligenztest

Mit Strom spielt man nicht!

Wie, die Wand muss noch verputzt werden?! Ist doch warm, die Bude.

PaB
Halte stets die Pausen heilig, denn nur Verrückte haben's eilig.
HANDWERKER-SPRÜCHE

Absolut sicher, oder??

Wer kennt ihn nicht, den Bohrhammer!

Bitte Tür
immer
freihalten!

CREME
SEIFE
EDEKA
So, endlich dicht!!!

Reicht doch, um den Raum zu erwärmen.

Wieder wie neu

PaB
Silikon stabilisiert den Bau
und die Haltung mancher Frau.
HANDWERKER-
SPRÜCHE

Bestell schon mal eine Palette Silikon!

Dicht ist dicht!

Elektriker-Kunst?

Der sogenannte
Silikon-Übergang

Große Haken –
kleine Rinne

Einfallsreichtum kennt keine Grenzen.

Handwerker zu sein ist nicht einfach. Für diesen Job konnte Gott nur die BESTEN gebrauchen.
PaB
HANDWERKER-SPRÜCHE

Hier ist Klettern angesagt!

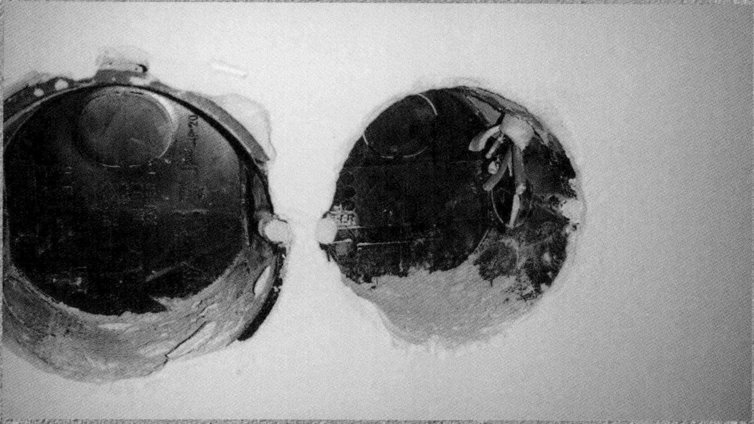

Lieber nen Kurzen als gar keinen Strom

Geht alles, wenn man will!

Gemeinschaftssiphon

Oh, oh – hoffentlich hält der Spülkasten länger.

Wie soll ich mich da waschen?

Das hab ich nicht gekürzt, das kann man so kaufen.

Handwerker machen keine Pausen – sie geben dem Werkzeug nur Zeit, sich zu erholen!
HANDWERKER-SPRÜCHE

Falls der LKW defekt ist ...

Den Rest machen wir die Tage.

Und am Ende will immer
keiner Schuld haben ...

Bleibt das so???

OPEN
PaB
Ob Kirche oder Puff,
ein Dach muss druff.
BAU
HANDWERKER-
SPRÜCHE

Hab ich schon hundertmal gemacht, das klappt immer.

Das geht nicht mal mehr als Kunst durch ...

Laminat: Trittschall-
dämmung verlegt ...

Wie war das Spiel? Wie immer!

Reste?? Ich hab keine Reste!

Theorie ist, wenn man alles weiß und nix funktioniert. Praxis ist, wenn alles funktioniert und keiner weiß, warum!

Nicht schön, aber selten

Ein Trost ist uns geblieben, es wird noch geputzt und abgerieben.

Die gute alte Unterlegscheibe ... !

Der Arbeitsschutz
uns gar nichts nützt,
weil er uns nicht
vor Arbeit schützt.

Irgendwie elegant gelöst

PaB
Nimm die Schaufel nicht so voll,
wenn die Arbeit reichen soll.
HANDWERKER-
SPRÜCHE

Sehr kinderwagengerecht

Umkleide »Germany's next Topmodel«

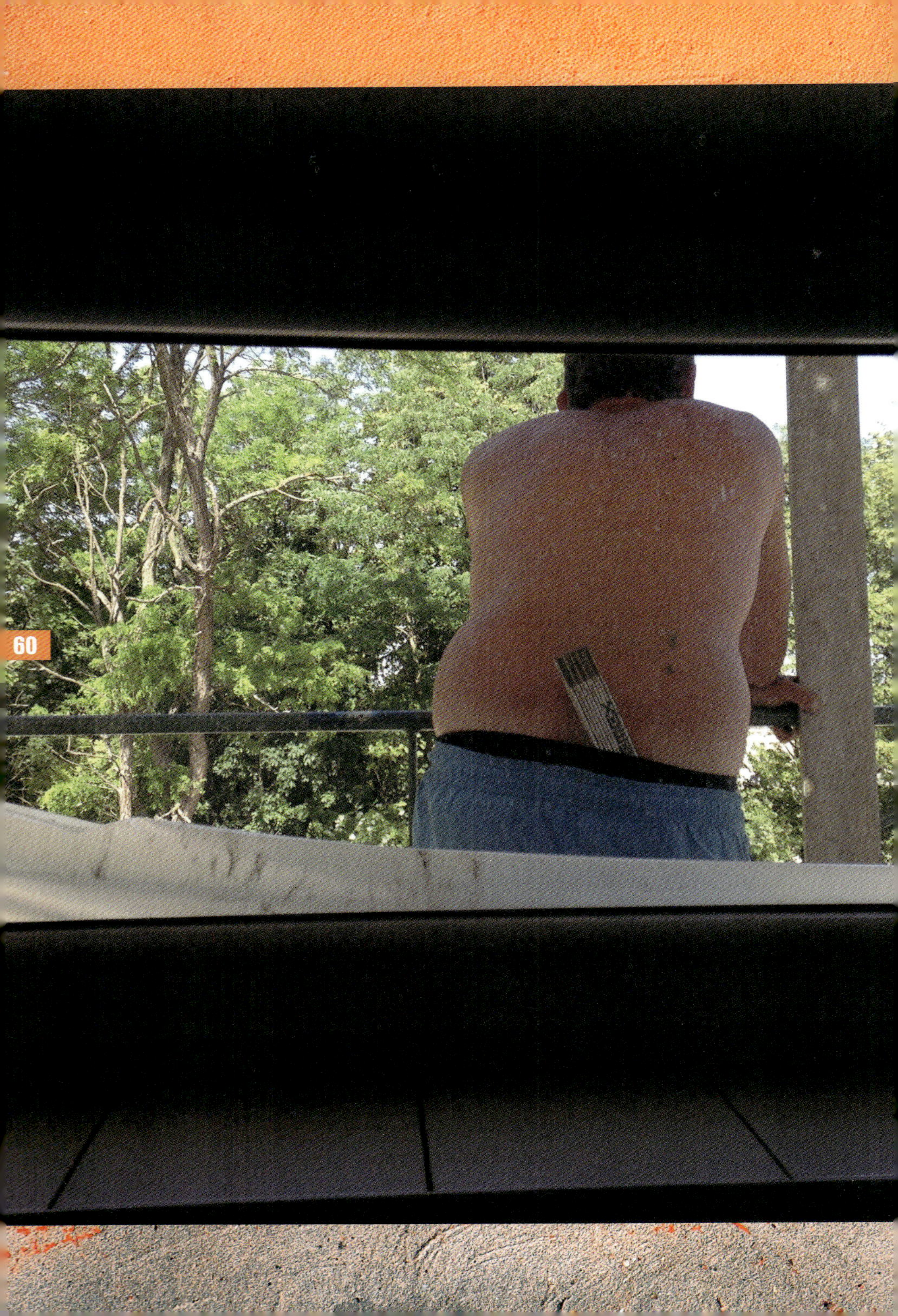

Den möchte ich nicht mehr benutzen müssen.

Ich hab doch gesagt, der Spülkasten passt überall.

DO NOT
PaB
5 Minuten scheißt der Stier,
10 Minuten der Polier. Doch
der gescheite Arbeitsmann
scheißt, solange er sitzen kann.
DISTURB
HANDWERKER-
SPRÜCHE

Und ist uns heute nichts gelungen, ändern wir die Änderungen.

Wer behält da den Überblick?

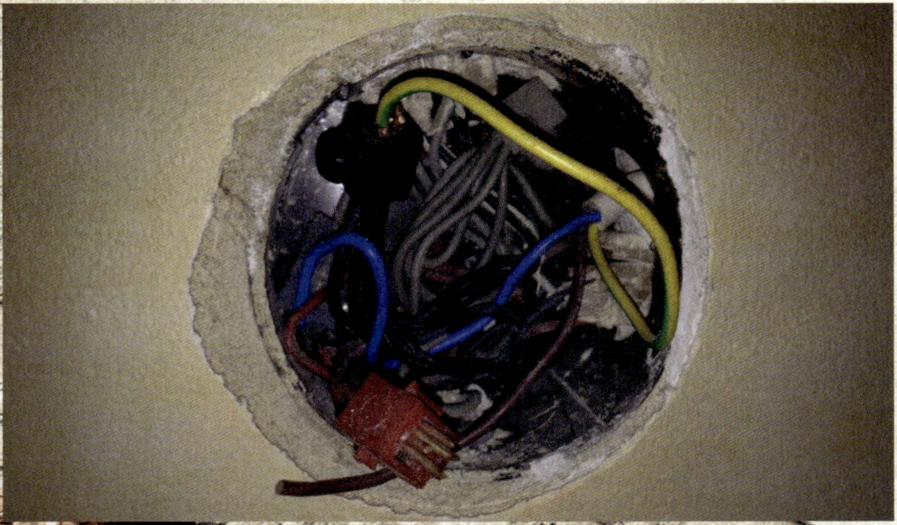

Oh, wie süß!

Mal eben die Autoscheibe neu eingesetzt...

Macht Sinn, oder?

Abschneiden kann jeder!

Blau ist Rot und Plus ist Minus... Wenn ich nicht mehr weiterkann, schließ ich Plus an Minus an!

»Homemade« liegt im Trend!

30 Silikon-Kartuschen später ...

Fällt kaum auf!

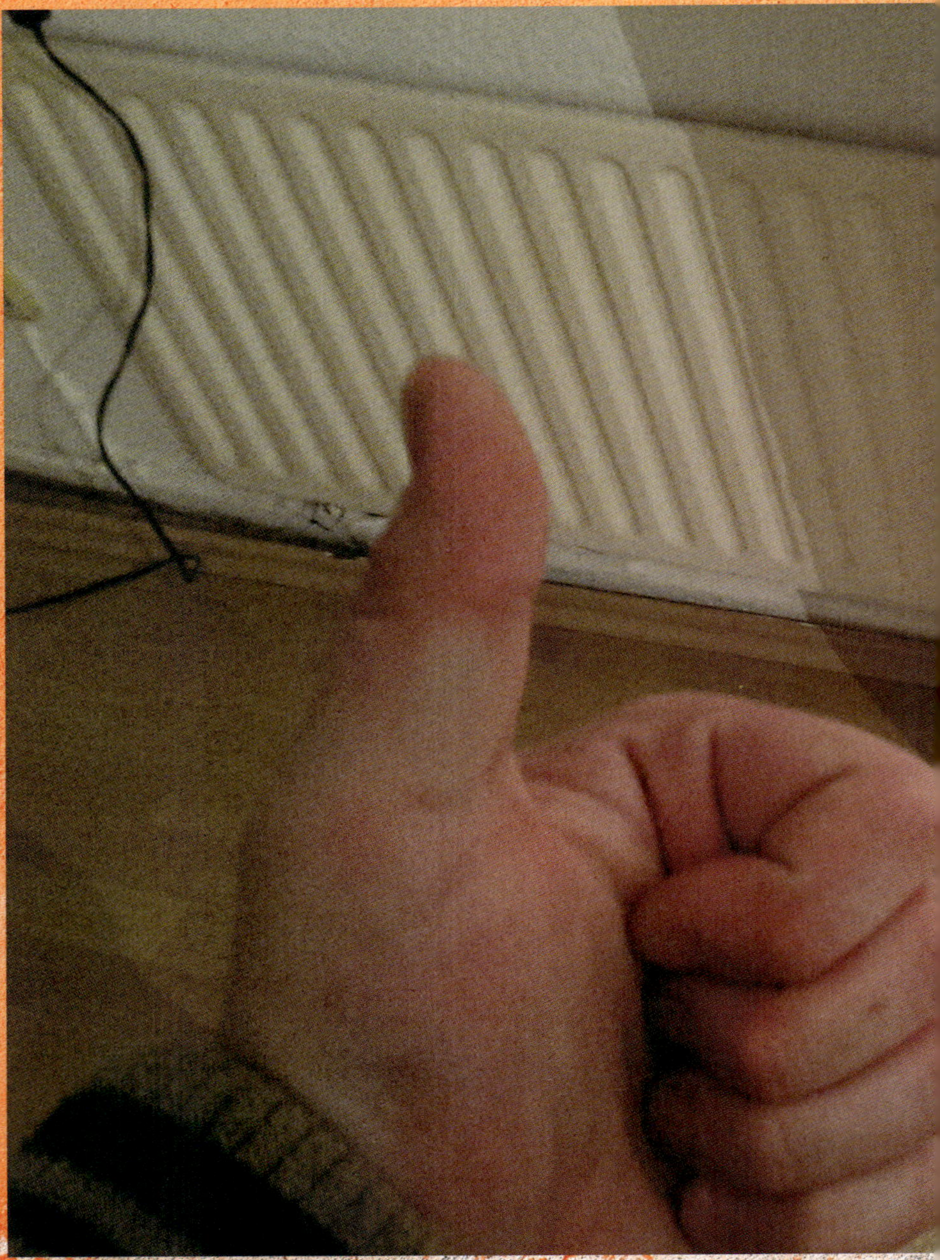

Hier wird auch die Wand geheizt.

Formschön eingepasst!

PaB
Wende keine Gewalt an, nimm einen größeren Hammer.
HANDWERKER-SPRÜCHE

Falsch geplant?!

Pah, mit Gerüst
kann das ja jeder!

Deshalb war
er billiger
als andere.

Schatz, mach mal schnell die Regenklappen auf!

Kunst?!

Warum die alten Fliesen erst abstemmen? Geht auch so!

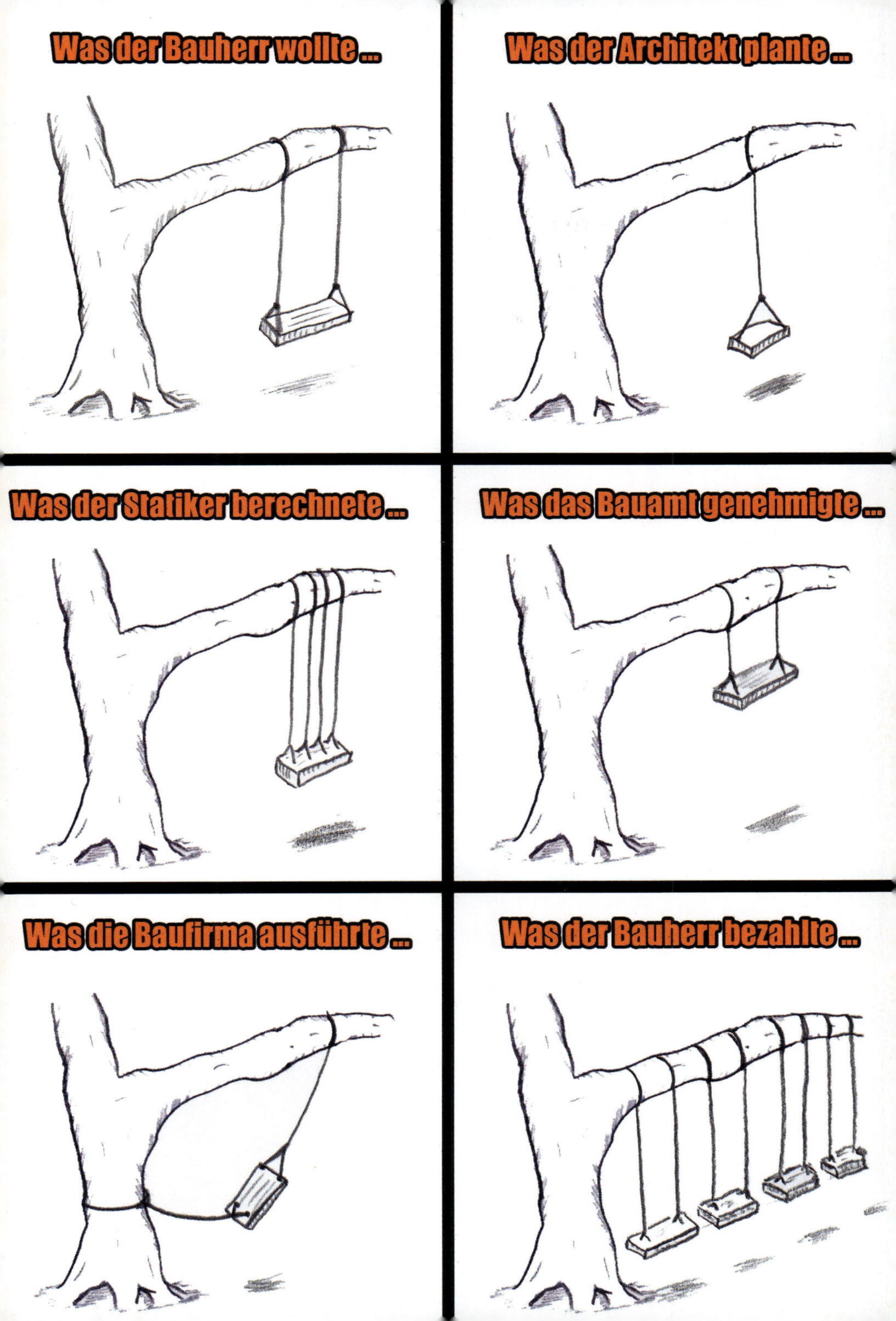
Was der Bauherr wollte ...
Was der Architekt plante ...
Was der Statiker berechnete ...
Was das Bauamt genehmigte ...
Was die Baufirma ausführte ...
Was der Bauherr bezahlte ...

Ich hatte da noch ein paar Reste ...

Aber es funktioniert ...

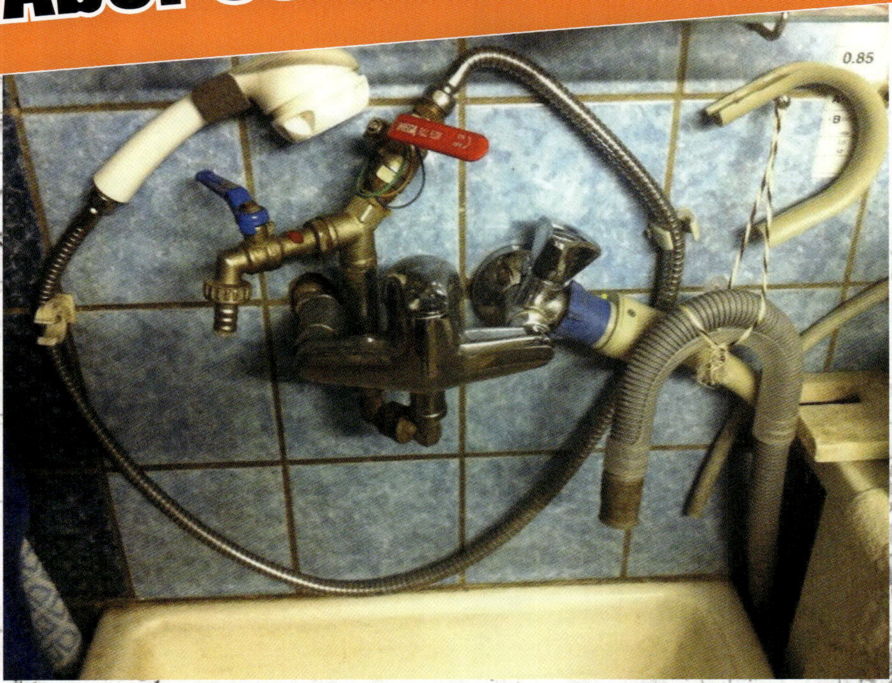

Das üben wir aber noch mal.

Chef, ich habe alle Bögen verbaut!

Silikon macht das schon.

Und kommt im März die Sommerzeit, bleibt es länger hell für Schwarzarbeit.

Was war zuerst da?

Sabbel nich, dat geit.

Na? Vergessen, Kabel unter Putz zu legen?

Das guckt sich weg!

Weiß einer, wo die Wasser-
waage abgeblieben ist?

Weiß der Schlosser keinen Rat, nimmt er Hammer oder Draht.
HANDWERKER-SPRÜCHE

Wohl das erste Mal gemacht, was??

Ein wenig eng, oder?

Hier geht der Lack ab!

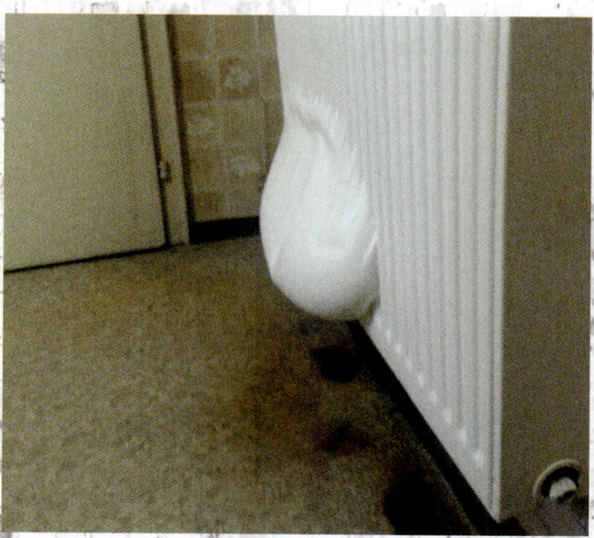

Sehr professionelle Zaunbefestigung!

PaB
Die richtigen Frauen stehen
auf Handwerker mit Bauch,
denn gutes Werkzeug
hängt immer unter
einem Vordach!
HANDWERKER-
SPRÜCHE

Resteverwertung

Kleiner Planungsfehler

Wofür mag dieses Kabel bloß sein?

Opa hatte noch Fliesenreste.

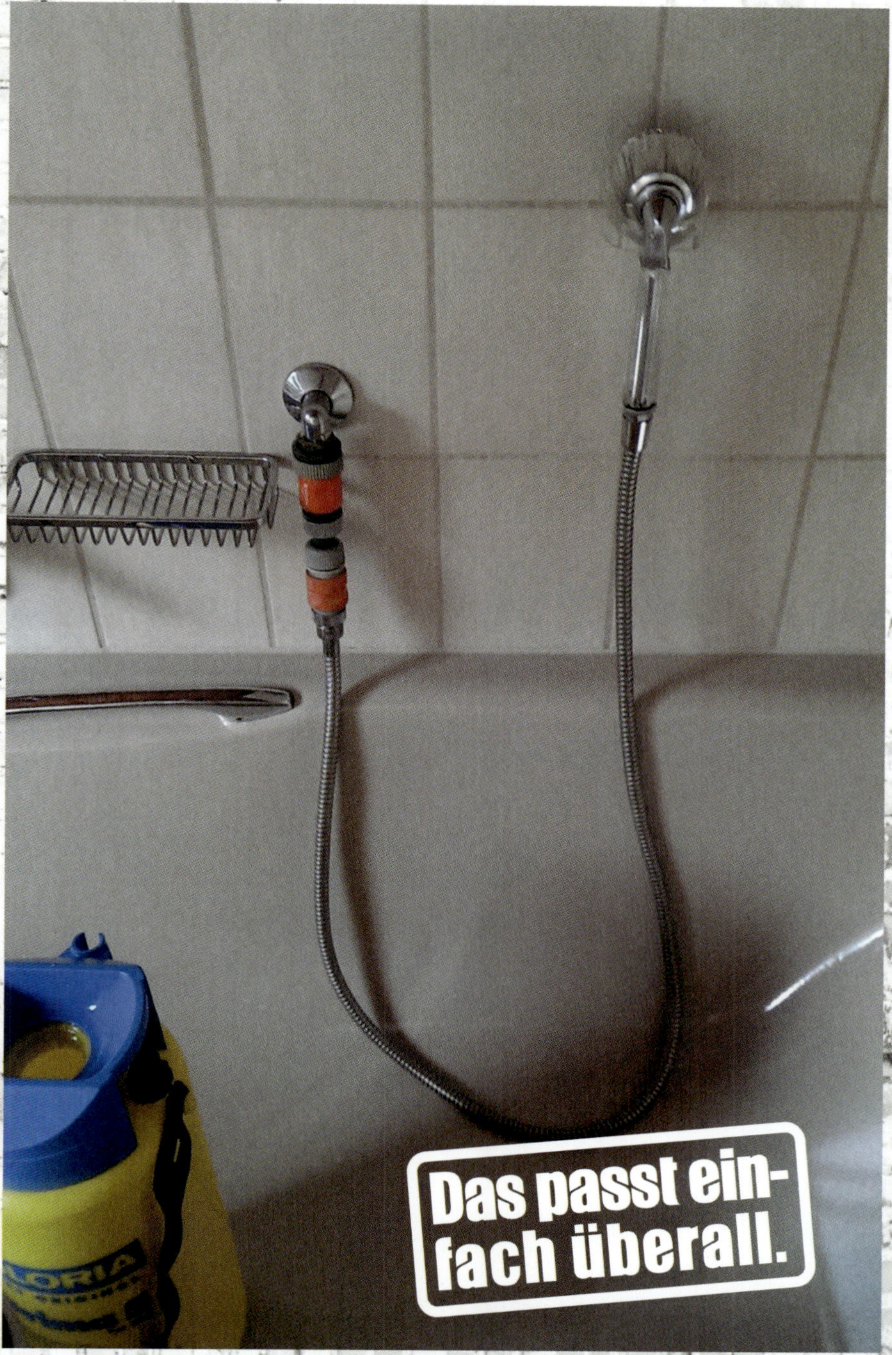
Das passt ein-
fach überall.

104

Links ist das Wasser bestimmt schwerer.

PaB
Eher soll die Welt verderben als
vor Durst ein Maurer sterben.
HANDWERKER-
SPRÜCHE

Das trägt man jetzt so ...

Einmal mit Profis arbeiten ...

Ein wenig Mut
gehört dazu.

So, jetzt aber schnell auf die
Baustelle!

Bitte nicht nachmachen!

Geht auch!

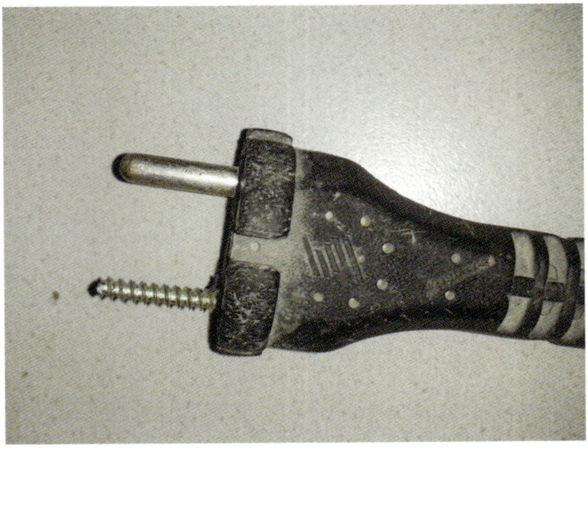

PaB
Die Schraube war im Dübel drin,
doch sie wollt nicht fassen.
Wir hatten Freitagnachmittag,
ich hab's mal so gelassen.
HANDWERKER-
SPRÜCHE

Was nicht passt, wird passend gemacht!

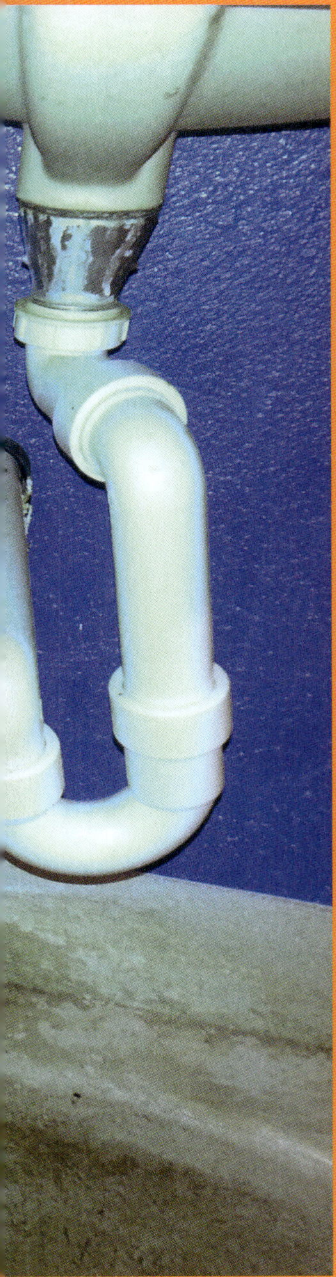

Dreh mal die Heizung auf!

Mischmauerwerk!

Kaminkunst!

Das hält, bis wir weg sind ...

PaB
Die Arbeit ist so schön.
Daher immer etwas für
morgen aufheben.
HANDWERKER-
SPRÜCHE

Jetzt ein bisschen Silikon,
dann passt das schon.

Warum auch den Schrank abbauen?

Da fehlt Silikon!

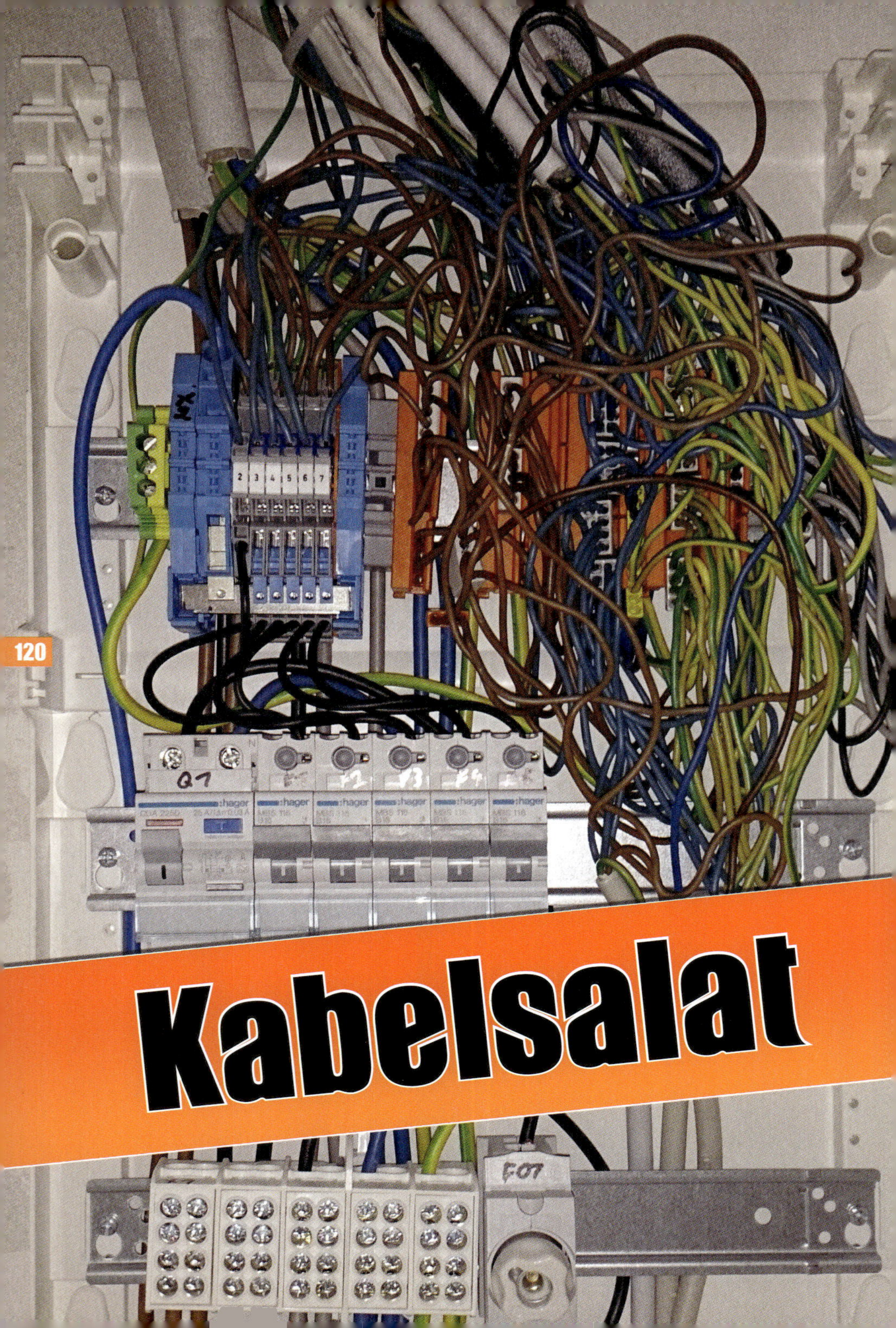

Kabelsalat

»Hab ich nichts mit zu tun«, sagt der Maler.

Der Elektriker hatte bestimmt keine Wasserwaage.

Fluchttür inklusive Hindernislauf

PaB
Mein Drehmomentschlüssel geht nur bis 100 Nm. Wenn ich eine Radmutter mit 117 Nm anziehen soll, kann ich dann erst mal mit 100 Nm anziehen und dann mit 17 Nm nachziehen?
HANDWERKER-SPRÜCHE

Ob das so geplant war?

Volltreffer!

Dusche nur mit Leiter benutzbar

Wer braucht schon einen Rahmen, wenn er Silikon hat ...?

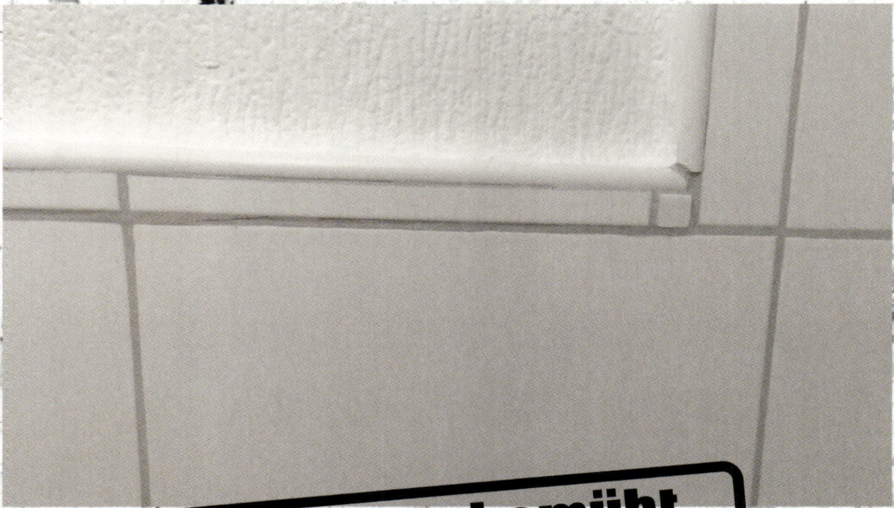

Er war stets bemüht ...

Da muss man nur eine Farbenweiche zwischenklemmen und gut ist.

Wochenende ist dann, wenn die Maßeinheit von Zentimeter auf Liter geändert wird.
HANDWERKER-SPRÜCHE

Mit Silikon und Schaum kann man ganze Häuser bauen.

Dach müde, Dach muss schlafen.

Geh mal zwei Meter zurück – sieht das der Laie?

Sauberer Abschluss!

GEBERIT
Ich bin Maurer,
kein Uhrmacher.

Gerüst steht!!!

LEHRLING, HOL MAL !

SIEMENS-LUFTHAKEN, 45°-SCHUHE, VERZINKTE KUPFERFEILE, KNACK-PATRONEN FÜR DIE RATSCHE, EIMER SPANNUNGSABFALL, VIERKANT-BOHRER, EIMER DRUCKLUFT, FEILEN-FETT, GETRIEBESAND, KITTFLINTE, ERSATZBLASE FÜR DIE WASSER-WAAGE, FEIERABENDSCHABLONE, 180°-WINKEL, WASSER-WAAGENAUSGLEICHS-GEWICHTE, KURVENFLEX

HANDWERKER-SPRÜCHE

Ladetechnik am Baumarkt

Der Polier fährt noch selbst.

Da kommen Hausanschlüsse an!

Leiterverlängerung deluxe

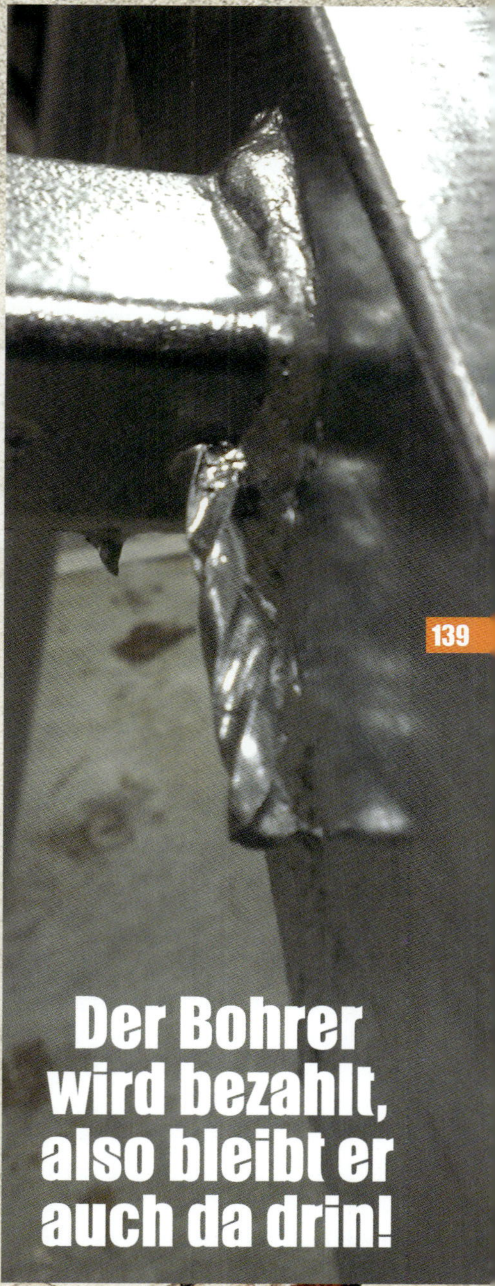

Der Bohrer wird bezahlt, also bleibt er auch da drin!

Das Hinterwandfenster ...

PaB
Ich habe Ihnen doch gesagt, dass ich in fünf Minuten auf der Baustelle bin! Da müssen Sie mich doch nicht alle halbe Stunde anrufen!
HANDWERKER-SPRÜCHE

Kopfstück vergessen??

142

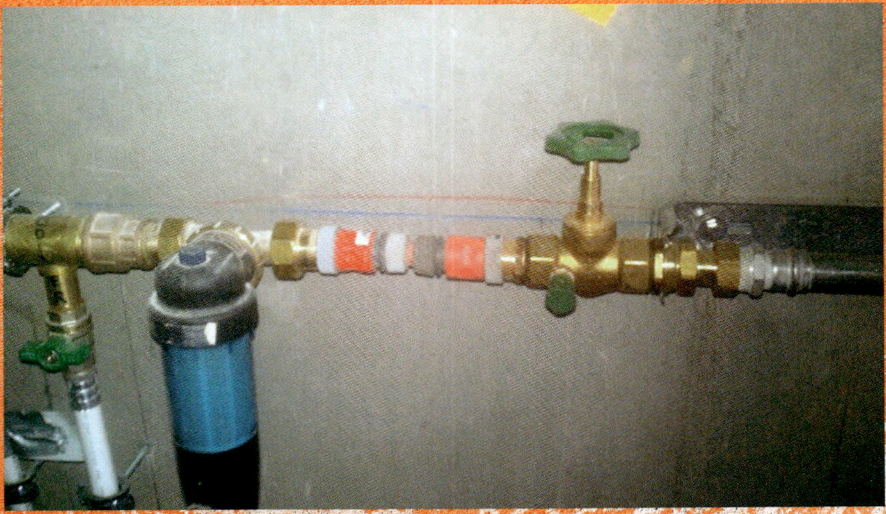

Nichts ist unmöglich!

Warum nen Dachdecker holen, das kann ich selber!

Wie lange das wohl hält?

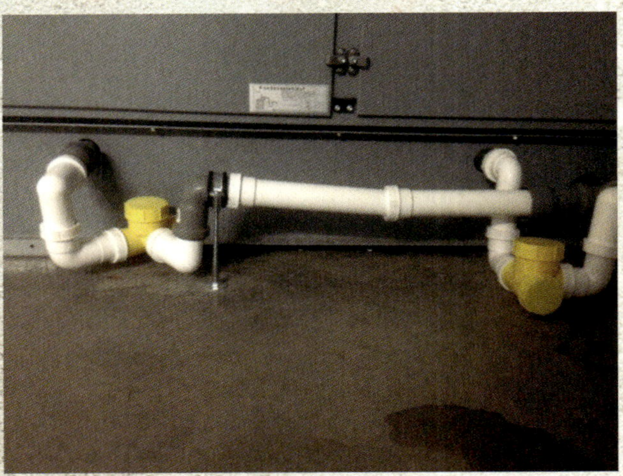

Räder werden
völlig überbewertet.

Mutig, mutig, Herr Kollege

PaB
Wir Handwerker haben
die Arche gebaut,
Ingenieure die Titanic.
HANDWERKER-
SPRÜCHE

Der Dach-abriss dauert...

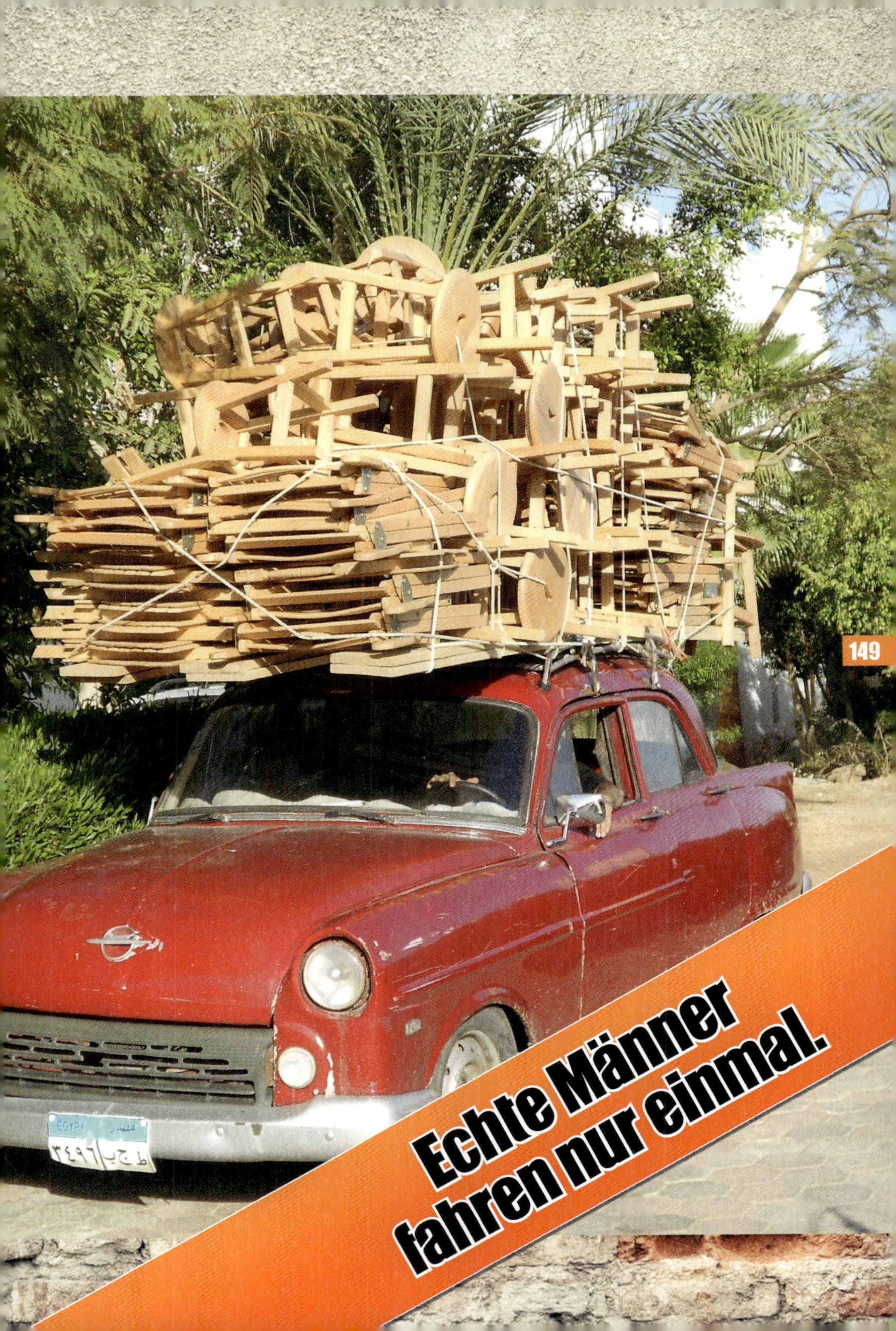
Echte Männer
fahren nur einmal.

Sehr praktisch!

Komm einem Maurer doch nicht mit Zentimetern, sei froh, wenn er aufm Grundstück bleibt.

FACHBEGRIFFE A–Z

17er-Schlüssel – Flaschenöffner
500er-Glasbaustein – Flasche Bier
Affenscheiße – Dichtungsband
Alpendöner – Leberkäsesemmel
Bärendreck – Kupferpaste
Bauchladen – Werkzeuggürtel
Blase – Wasserwaage
Dackelbein – S-Anschluss
Fabian – Lehrling (Fahr Bier an)
Feuerfeile – Winkelschleifer
Flitsch – Schlagschnur
Gaffa – Gewebeband
Hammelfett – Silikon
Handbagger – Schaufel

Heulbesen – Staubsauger
HKS – Handkreissäge
Kerze – Baulampe
Knecht – Schraubzwinge
LALA – Radio
LKW – Leberkäsweck
Lügenbold – Phasenprüfer
Maurerradio – 6er-Träger Bier
Mickey Maus – Gehörschutz
Murkspaste – Maler-Acryl
Muschiflott – Glättmittel
Nibbeler – Blechschere
OKMM – Oberkante Maurermütze
Ölschnorchel – Altölwagen

Panzertape – Gewebeklebeband
Peitsche – Hammer
Radewelle – Schubkarre
Raubank – Hobel
Rubbelkasten – Kettensäge
Rutscher – Schwingschleifer
Schätzbrett – Taschenrechner
Schätzholz – Zollstock
Schippe – Schaufel
Schlumpfcreme – Montierpaste
Schnüffelstück – Rohrbelüfter
Schummelpaste – Silikon
Schuss – Nagelpistole
Spenglerfett – Silikon

Strapse – Kabelbinder
Strudler – Betonmischer
Tang – Zange
TKS – Tischkreissäge
Verblitzen – E-Schweißen
Vorturner – Vorgesetzter
Waldmoped – Kettensäge
WAPU – Wasserpumpenzange
Wiegeisen – Wasserwaage
WZK – Werkzeugkiste
Zentralschlüssel – Bolzenschneider
Zöllner – Zollstock
Zumpel – Abisolierband
Zwergenadapter – kleine Bockleiter

Bildnachweis

Seite 1 u.a.
Hintergrundfoto: Shutterstock/donatas1205

Seite 7
oben: Patrick Dörenkamp

Seite 9
Andreas Weber

Seite 10–11 u.a.
Hintergrundfoto: Shutterstock/binik

Seite 12
S. Bleses

Seite 14
S. Bleses

Seite 15
Fotolia/sevaljevic

Seite 16 u.a.
oben: Holger Jacobi
unten: Whiteman
Hintergrundfoto: Shutterstock/lazlo

Seite 17
Manuel L. Hill

Seite 19
Rundell32

Seite 18–19 u.a.
Hintergrundfoto: Shutterstock/Marko Poplasen

Seite 21
Shutterstock/Dariush M

Seite 23
Bastian Rindtorff

Seite 26
D. Breitenstrom

Seite 27
Shutterstock/PlusONE

Seite 28
oben und unten: Jens Völker

Seite 29
René Weller

Seite 30
Daniel K.-Onnebrink

Seite 31
oben: Sebastian Pohl

Seite 33
Shutterstock/Sergey Kamshylin

Seite 34
Erik Schmell

Seite 35
oben: Dawid D.

Seite 36
oben: Bärbel Röhrig

Seite 37
Sebastian Fesser

Seite 38
MazdaMatze

Seite 39
Shutterstock/ponsulak

Seite 40
Dominique

Seite 42–43
Michael Greifzu

Seite 44
Hanz und Jones

Seite 45
Shutterstock/antoniomas

Seite 46
Christian Lobmeier

Seite 47
Maler Klecks

Seite 48
kevin kresin

Seite 49
Matthias Lefeling

Seite 51
Shutterstock/auremar

Seite 54
Jan Stienekemeier

Seite 55
B. Schading

Seite 56
Andreas

Seite 57
Shutterstock/Dutourdumonde Photography

Seite 60
David Hackl

Seite 63
Shutterstock/wichan kijchan-paiboon

Seite 64
oben: David Hackl
unten: Björn B.

Seite 68
René Weller

Seite 69
Shutterstock/Flegere

Seite 71
unten: Danny Salden

Seite 72–73
Michael Arnold

Seite 75
Shutterstock/Marcel Jancovic

Seite 80
Dennis Sandmaier

Seite 82
Tom

Seite 85
Norbert Kaiser

Seite 86
MazdaMatze

Seite 87
Shutterstock/STILLFX

Seite 89
Adrigan

Seite 90–91
Christian "Axxis" Stritt

Seite 92
oben: Manfred Gerdenits

Seite 93
Shutterstock/idea for life

Seite 94–95
Remo Casutt

Seite 97
oben und unten: Patrick Pontasch

Seite 99
Shutterstock/Terence Mendoza

Seite 101
oben: Marcel I. aus Deidesheim

Seite 104
Jonas Mau

Seite 105
Shutterstock/hxdbzxy

Seite 106–107
Eric Knapek

Seite 111
Shutterstock/Krasnaja Sapocka

Seite 113
Patrick Pontasch

Seite 115
Achim Goedert

Seite 117
Shutterstock/Glenkar

Seite 118
Manuel Affolter

Seite 119
unten: Mathias Reifenrath

Seite 120
Philip Wirth

Seite 122
oben: Elisa Badone
unten: Knut Rohm

Seite 123
Shutterstock/studioloco

Seite 126
Johnny Flash

Seite 128
Björn B.

Seite 129
Shutterstock/Nomad_Soul

Seite 131
Julian Czech

Seite 132
oben: Alexander Kurz

Seite 133
Fabian Utke

Seite 134
M. Pelzer

Seite 135
Andreas Weber

Seite 137
Tobias Bollack

Seite 138
Dominik Tobias Morwinski

Seite 139
links: Nico Stenzel
rechts: Hanz und Jones

Seite 141
Fotolia/Kzenon

Seite 142
unten: Jean-Paul Kuffel

Seite 145
Thomas J.

Seite 147
Shutterstock/Xtuv Photography

Seite 151
Alex Löwen

Alle anderen Urheber haben auf eine Nennung im Buch verzichtet.